Amor propio

Aprende amarte a ti mismo

También hay otros:

(Autoaceptación, autorelación, autoestima)

ISBN: **9781094936901**

Copyright © 2016
2.Auflage **March/2018**

Webseite: tbreise.buch-autoren.de
Email: tbreise@tbreise.buch-autoren.de
Infos zu Impressum:
T.Breise
c/o Autoren.Services
Zerrespfad 9
53332 Bornheim
Gestaltung : Martin Müller
Bilder:Pixabay GDJ Photography

Newsletter Eintrag für Neuerscheinungen,
bitte per Email Anfrage an:
newsletter@tbreise.buch-autoren.de

T. Breise

Amor propio

Aprende amarte a ti mismo

También hay otros:

(Autoaceptación, autorelación,

autoestima)

Inhaltsverzeichnis

Prefacio

Gracias por elegir este libro. Probablemente, no estés satisfecho contigo mismo y con tu vida, y sientas la necesidad de que querer cambiar algo. Sólo con eso, ya has dado el primer paso en la dirección correcta. Con amor propio, ¡puedes renovar tu vida por completo! Te espera un emocionante viaje lleno de sorpresas que te ayudará a encontrarte a ti mismo. No será un camino fácil. Será accidentado o incluso doloroso, pero valdrá la pena.

Leer este libro no será placentero o sencillo. ¡Debería sacarte de la rueda del hámster, de los malos hábitos y la dependencia! No lo pospongas cuando te resulte incómodo. Cuanto más incómodo te sientas al leer, ¡más podrás cambiar!

¿Estás listo para participar?

Introducción

All you need is love. Seguramente conoces esta canción de los *Beatles.* Todo lo que necesitas es amor. Eso es verdad. Por supuesto, hay otras cosas sin las cuales no podemos vivir: comida, sueño, oxígeno y demás. Pero, ¿qué sería la vida sin amor? Y con eso no sólo me refiero al afecto que puedas llegar a sentir por una pareja, un hijo, tus padres, tus amigos o tu mascota. Hablo del amor que puedes sentir por ese maravilloso y único ser que lee estas líneas: tú mismo. Desafortunadamente, en nuestra sociedad, hablar de amor propio ha sido mal visto, e incluso, tiende a asociarse en muchas ocasiones con connotaciones negativas. La arrogancia, la codicia y el narcisismo vienen a la mente. Por supuesto, no queremos ser ególatras que sólo se preocupan por su propio beneficio. Ese no es el punto aquí. Pero, entonces, ¿cuál es? ¿Por qué es tan importante regalarse un amor propio incondicional? ¿Cómo sabes que eres o no un buen amigo para ti mismo? ¿No sería mejor seguir como antes?

De acuerdo, son muchas preguntas a la vez. ¡Hablemos entre nosotros para introducirte en los próximos capítulos!

¿Qué significado tiene amarse a uno mismo?

Si realmente te gusta alguien, ya sea tu mejor amigo, tu gato o un compañero, ¿cómo lo tratarías? ¿No te gustaría que el objeto de tu amor esté siempre bien? ¿Que él o ella esté siempre feliz y saludable? De eso se trata exactamente el amor propio, de prender a ser tu mejor amigo o amiga. Cuídate y respétate. Apréciate como una criatura adorable, y harás todo lo posible para mantener este estado. También aprenderás a aceptarte tal como eres. Amor incondicional. Claro, incluso si todavía amamos a alguien, él o ella no es perfecto, y tiene cualidades que no nos gustan. Aquí tú no eres la excepción. Si puedes aceptar tus defectos y dejar de buscar la perfección, eso te hará mucho más feliz de lo que te imaginas ahora.

¿Por qué la autoestima es tan importante?

Si desarrollas una relación positiva contigo mismo, ¡puedes cambiar toda tu vida! Esto puede sonar increíble o incluso esotérico, pero es la verdad. Tus amistades y relaciones con otras personas, tu trabajo, tu futuro: todo está influenciado por la manera en que te tratas a ti mismo. La dignidad y el amor propio conducen a la fortaleza interna y la autoestima.

Finalmente, ya no dependes del afecto de otras personas y, de repente, es mucho más fácil acercarse a extraños. Después de todo, ya no tienes que temer a ser rechazado. Las personas seguras de sí mismas, que están en paz consigo mismas, son percibidas como fuertes. Son tratados con respeto y parecen atractivos para su entorno. Seguramente conoces a alguien que tiene exactamente esa clase de autoestima, ¿verdad? ¡Tú también puedes lograrlo! Tener una buena relación contigo mismo tiene muchos otros beneficios, y hablaremos más sobre eso en el transcurso de este libro. Por ahora, sostenemos que: *el amor propio es la clave de una vida feliz y autodeterminada*.

¿Por qué debería cambiar algo?

Cambiar algo es difícil. Deberás trabajar muy duro para salir de los caminos acostumbrados, pero solo así podrás lograr algo. No será fácil, muchas veces será incómodo e incluso doloroso, pues tienes que enfrentar viejos temores y heridas para poder sanar realmente. Sin embargo, ¡tú vales eso! Eres una persona maravillosa y mereces un buen trato. ¡Especialmente por parte de ti mismo! Es por eso que debes cambiar algo.

No para pasado mañana o Año Nuevo.

El momento es **ahora**.

¿Qué es el amor propio, y por qué a menudo es tan difícil de alcanzar para nosotros?

El amor propio es el comienzo de un romance de por vida.

- Oscar Wilde

En la introducción, ya hemos realizado un breve resumen del concepto de amor propio. Ahora queremos ir un poco más profundo.

Si alguien dice *"¡Me amo!"* automáticamente lo consideramos un gilipollas egocéntrico (disculpame, por favor). Pero, ¿por qué? Porque confundimos el amor propio con el egoísmo y la arrogancia. Sin embargo, la diferencia es abismal. Las personas narcisistas, *amantes de sí mismas*, se preocupan principalmente por su propio beneficio y tratan a otras personas no como iguales, sino como criaturas inferiores. Esto sucede porque, precisamente, *¡ellos no se aman a sí mismos!* El amor verdadero es algo bueno, puro y que nos hace una mejor persona.

El amor propio está conformado por muchos componentes. Uno de ellos es la **autoaceptación**: aprendemos a aceptarnos tal y como somos.

Eso no es tan fácil. La autoaceptación no significa que no podemos ni debemos cambiar más. Al contrario: sólo si podemos aceptarnos a nosotros mismos, entonces estamos listos para crecer como persona.

El verdadero amor es incondicional. Por supuesto, es fácil para nosotros amarnos en los días buenos. Si tenemos éxito, el peinado está en su lugar, si somos tan productivos como nunca o simplemente porque tenemos un estado de ánimo genial. Pero, ¿qué hay de los días malos? Aquellos donde nos levantamos con el pie izquierdo, cuando todo nos sale mal y nos sentimos estúpidos, ¿acaso no necesitamos atención especial? ¿No somos capaces de brindar atención especial a un amigo o compañero cuando él o ella no se siente bien?

A menudo vinculamos nuestro amor a las condiciones. Tal vez conoces frases como éstas: "*solo estaré feliz cuando haya encontrado a la pareja perfecta*" o "*solamente cuando haya bajado 10 kilo, seré una persona valiosa y adorable*". Nos gustamos a nosotros mismos solo cuando hemos logrado metas. Antes, no. Ni siquiera nos sentimos capaces de llegar tan lejos. Anhelamos un futuro perfecto mientras dejamos pasar el presente. Si hacemos que nuestro amor propio dependa de tales condiciones, eso solo muestra que simplemente no nos aceptamos tal como somos.

El amor propio también significa que nos cuidamos bien. Nos tomamos nuestras necesidades, deseos y sueños en serio y actuamos en consecuencia. A lo largo de la vida, aprenderás cosas valiosas. Lecciones que se harán importantes para ti. Por desgracia para el ser humano, la memoria es corta y limitada. Pero, ¡no te preocupes! Utiliza los recursos a tu alrededor para no pasar por alto los detalles. Puedes tener un *cuaderno especial*, una especia de diario, donde lleves por escrito tu plan de cambio. Utilízalo como una forma de canalizar tu determinación y alcanzar tus propias metas. Además, lo que allí escribas te permitirá recordar constantemente las lecciones aprendidas. La clave para lograr la aceptación es el refuerzo de las ideas y acciones positivas.

Cuando eres capaz de pensar y corregir tus acciones una y otra vez, significa que estás por el buen camino para llegar a un acuerdo contigo mismo. Yo mismo soy de los que prefiere los cuadernos de Sigel en A5. Pero, por supuesto, cualquier otro cuaderno funciona de igual forma para dibujar el mapa de tu camino.

Esta llamada autoestima se refiere tanto a nuestro bienestar físico como a nuestro bienestar emocional. En términos concretos, esto significa que: proporcionamos a nuestros cuerpos buena comida, cuando tenemos hambre; bebemos lo suficiente, para mantenernos hidratados; aseguramos una buena noche de sueño y descansamos, cuando nuestro cuerpo nos indica que lo necesita. Pero eso no es todo. Además nos hacemos cargo de limpiar el alma. Si hay malos recuerdos, cicatrices mentales o traumas estresantes, entonces trataremos de resolverlos, con ayuda profesional, si es necesario. Trabajamos pacientemete en la realización de nuestros sueños y deseos.

¿Cómo darte cuenta de que no te amas (siempre)?

Agárrate a tu amor.

- Ton Steine Scherben

A menudo pensamos que todo en nuestra vida está bien. No queremos cambiar nada, aunque a veces tengamos la sensación de que nos falta algo. Nos hemos establecido cómodamente y evitamos cualquier cosa que nos pueda sacar de nuestra zona de confort. El día a día en la rueda del hámster, el estrés en el trabajo y muchas otras influencias externas simplemente nos impiden enfrentar los problemas reales que hemos ocultado en lo profundo de nosotros y quizás nos han hecho hasta temer. Solo que, en algún momento, todo sale a la luz. O un día nuestra pequeña pared se derrumba, porque nuestra relación termina, nos despiden o incluso nos enfermamos, o decidimos enfrentar nuestros propios problemas desde adentro y descubrir el verdadero amor por nosotros mismos.

Ahora, sé completamente honesto contigo: ¿eres feliz? ¿Sabes quién eres? ¿Puede expresar tu opinión libremente o tienes de decir lo que otras personas quieren escuchar? ¿Quieres cambiar algo? Y, si fueras otra persona, ¿querrías conocerte? Exteriormente, puedes descartar el principio del amor propio como una tontería esotérica, pero si eres totalmente honesto contigo mismo (y nadie puede escucharte a escondidas, que sea fácil), entonces entenderás lo importante que es amarte a ti mismo. Un pequeño ejemplo convencerá incluso a los más escépticos: imagina que estás casado con alguien que te critica constantemente, te insulta, te hace sentir inferior, no cree en ti y te permite sentir su odio subliminal de forma permanente. ¡Nadie resistiría mucho en semejante matrimonio! A menso que, claro está, esa persona que te humilla permamentente seas tú mismo. Divorciarse no es una opción, ¿cierto? Así que debes (tienes) que encontrar la manera de revivir tu matrimonio contigo mismo. Vamos, volvamos al ejercicio por un momento. Cuando un matrimonio no funciona, lo primero que haces es preguntarte: ¿qué salió mal?

La falta de amor propio y la autoestima tienen muchos síntomas. Algunos de ellos son obvios: adicciones, comportamiento agresivo o autodestructivo, por ejemplo. Pero la mayoría de las veces el autorechazo se manifiesta en pequeños comportamientos que sabotean nuestra felicidad. Esto a menudo sucede de forma inconsciente. Lee las siguientes preguntas con una mente atenta. ¿Cuáles puntos aplican a tu situación?

¿Te obligas a hacer algo que realmente no quieres hacer? Puede ser un trabajo que no te gusta y en el que piensas que estás estancado, una carrera que sólo curses por tus padres o el mantenimiento de una relación en la que ya no eres feliz.

¿Cómo tratas a tu cuerpo? El amor propio y el cuidado propio no son exactamente lo mismo, pero si miras más de cerca, mientras más y mejor te cuidas, esto revela mucho acerca de cómo y cuánto te amas. ¿Ignoras las necesidades esenciales de tu cuerpo, como el hambre o la fatiga? ¿Vas a trabajar con un resfriado o prefieres disfrutar de un descanso? ¿Fumas? ¿Qué hay de tu dieta? **¿Te gusta tu cuerpo?** Nadie tiene un cuerpo ideal. Graba eso en tu mente. Se puede llegar a ser feliz sin tener la figura perfecta, aunque los medios incesantemente incurren en lo contrario. La presión de la sociedad puede ser increíble y aquellos que no encajan en el ideal actual de la belleza corren el riesgo de romperse. Por favor, ¡no permitas que llegue tan lejos! Eres mucho más que un color de piel, un género, un número en la balanza, un estilo de vestir o una cara en el espejo. Eres tú, y tú eres único, ¡una maravilla de tu ADN, una criatura fascinante!

Te contaré un pequeño secreto: si aprendes a amarte a ti mismo, incluyendo en ese paquete a tu cuerpo, de pronto será mucho más fácil para ti cuidarte bien y te sentirás genial. ¡Lo prometo! **¿Eres muy crítico contigo mismo?** Nadie puede arruinarnos tanto como nosotros mismos. Particularmente cuando fallamos, el crítico interno levanta la voz, alegando que somos malas personas y que merecemos algo mejor. Sólo una vez que has fracasado sientes que lo sabes todo, que debiste haberlo hecho mejor, que no fuiste suficiente.

Para ti, que estás especialmente preocupado por tus fallas, déjame decirte algo: errar es de seres humanos, se sucede a todo el mundo. Todos cometemos errores. Sin excepción. Si te criticas constantemente y no puedes decir nada positivo acerca de ti de inmediato, entonces no te amas a ti mismo.

Puede que la ambición no sea algo malo en sí misma. Muchas veces, es el motor que nos conduce al éxito. Sin embargo, la ambición exagerada puede ser evidencia de una tremenda falta de amor propio.

¿Puedes perdonarte a ti mismo? ¿A veces sigues en momentos de tu pasado en los que aparentemente fallaste? ¿Sigues terriblemente avergonzado de que hayas dejado caer la taza de café hace tres años en la primera cita? ¿O alguna vez has cometido errores para los cuales aún te estás preparando? Solo puedo decirlo una vez más: ¡¡Todos cometemos errores!! Pero no tenemos que culparnos por estos errores toda nuestra vida, ¡así que tenemos que perdonarnos a nosotros mismos! Solo entonces, podemos dejarlo ir. El perdón es inseparable del amor a medida que aprendes a **perdonarte.** Habrás dado un paso importante hacia una vida plena.

¿Subordinas tus deseos y necesidades a los de otras personas? Cuando tomas decisiones, ¿consideras tus propias preferencias o haces lo que los demás esperan de ti? Ser incapaz de decir *no* y estar siempre de último en tu propio orden de prioridades es típico de personas que no se cuidan a si mismos.

Pero, ¿cómo quieres lograr algo en la vida si solo te importan los demás, y tus cosas las dejas de lado? Por supuesto, la amabilidad es correcta e importante. Sin embargo, si exageras, es fácil que personas menos agradables se aprovechen de ti. Encuentra el equilibrio correcto, y si no quieres hacer algo, ¡atrévete a rechazarlo!

¡El amor propio mejora tu vida!

Cuando comencé a amarme a mí mismo, me liberé de todo lo que no es saludable para mí: comida, personas, cosas, situaciones, y todo lo que me deprime y me aleja de mí. Primero llamé a esta actitud un "egoísmo saludable". Hoy sé que es amor propio.

– Charlie Chaplin

Ya lo habiamos mencionamos brevemente en la introducción: el amor propio tiene muchas ventajas que harán tu vida más fácil y más satisfactoria. Por otro lado, si eres muy crítico contigo mismo, no te cuidas bien o no te percibes como una persona amable (que pueda y deba ser amada), simplemente estarás poniendo trabas innecesraias en tu camino y terminarás sintiéndote frustrado e infeliz. Cuando comienzas a practicar el amor propio, el impacto en tu vida es sorprendente. Revisa la siguiente lista como una motivación, como una razón para finalmente comenzar y cultivar la relación contigo mismo. Nunca es demasiado tarde para hacerlo.

Tu confianza en ti mismo aumenta

Las personas seguras de sí mismas son conscientes de su valor como persona. Son seguras y tienen una gran fuerza interior. Saben quiénes son y qué quieren. Esto es exactamente lo que te sucede a través del amor propio: aprendes a confiar en ti mismo y en tus habilidades, y te encuentras a ti mismo en el proceso. La confianza en uno mismo no tienen nada que ver con la arrogancia o la autoconciencia exagerada. Por el contrario, estas cualidades son evidencia de incertidumbre interna. Como una persona segura de sí misma, sabes exactamente dónde están tus puntos fuertes y débiles, y los aceptas tal como son.

Ya no eres dependiente de la aprobación o el agrado de otras personas y no te importa lo que piensen de ti. Descansando en ti mismo de esta manera, ya no tienes que temer al rechazo y puedes acercarte a tus semejantes de forma segura y consciente, expresar tu opinión y simplemente ser completamente honesto y no afectado por ti mismo. Será mucho más fácil para ti aceptar cumplidos y felicitar a otras personas. Te sientes seguro porque sabes que estarán allí para ti en cualquier momento.

Eres más exitoso en todos los sentidos

Puedes manejar mejor los fracasos, las críticas negativas y aceptar ciertas cosas sin sentirte inseguro. Te permites ser humano y puedes desafiar tus errores porque sabes que no te harán menos valioso. Como resultado, pierdes el miedo al fracaso y te atreves a más en la vida privada y profesional. Se te hace más fácil salir de tu zona de confort y sumergirte en nuevas aventuras. Empiezas a creer en ti mismo y confías en tus habilidades. Las personas que se aman a sí mismas confían a menudo en sus instintos, ¡y eso no suele ser tan malo!

¡Finalmente, ya no hay montaña rusa emocional!

El amor propio te hace más estable y equilibrado emocionalmente. Después de todo, no tienes que obtener más aceptación y afecto desde el exterior. Como resultado, tienes menos expectativas de tus semejantes y, por lo tanto, te decepcionas con menor frecuencia. No estás tan frustrado porque ya no te planteas objetivos que de ningún modo puedes alcanzar, y eso simplemente te relajas más. Gracias a la estabilidad emocional y al silencioso crítico interior se va también el miedo de la soledad. Puede estar solo contigo mismo sin sentirse solo, triste o deprimido, simplemente porque has llegado a un acuerdo contigo mismo.

Te tratas bien y te cuidas a ti mismo

El amor propio también significa que asumes la responsabilidad de tu bienestar físico y mental. Comes bien, te mueves lo suficiente, duermes lo suficiente y escuchas a tu cuerpo. Empiezas a rodearte de personas y cosas que son buenas para ti. Tu vida es menos agotadora, porque ya no estás hambriento por la apreciación de tus congéneres, menos en comparación con ellos, o por la obligación de hacer cosas que no son realmente buenas para ti. La estabilidad emocional antes mencionada también contribuye a un nivel reducido de estrés y, por lo tanto, a una mejor salud.

La tolerancia y el perdón ahora son fáciles para ti

Has aprendido a aceptar tu propia humanidad y cada vez es más fácil para ti perdonar a los demás por sus errores, porque son tan imperfectos como tú. Al mismo tiempo, te sorprenderás de lo mucho que puedes apoyar a tus congéneres y cuán honesta es esta alegría si no resuena más subconscientemente la envidia, los celos o el resentimiento.

Tus amistades y relaciones alcanzan un nivel completamente nuevo

Tu creciente amor por ti mismo te hace amar mucho más a otras personas. Ya no necesitas pedir cariño y no podrás culpar a tu pareja o amigos por no hacerte feliz. ¡Ahora puedes alegrarte! Compartir ese maravilloso sentimiento con la gente más cercana te hará crecer junto con ellos. Si comienzas tu viaje por un gran amor por ti mismo, ciertamente habrá voces escépticas en tu entorno. Las personas que no pueden hacer esto descartarán el concepto de amor propio como una tontería sin sentido o intentarán influenciarte. Déjales de hablar. Esto ya no tiene nada que ver contigo. Por cierto, tu nueva autoestima y tu despertar confianza de repente te harán más atractivo para tus semejantes. Fiel al lema: "Cómo llama uno adentro del bosque, asi mismo se refleja afuera", de repente atraerás personas que viajan de la misma manera que tú.

Paso 1: Autoaceptación

La peor soledad es que no te sientes cómodo contigo mismo.

Mark Twain

Tu primer paso hacia un mayor amor propio y, por lo tanto, hacia una mayor confianza en ti mismo es la autoaceptación. Eso es lógico: solo puedes amar lo que aceptas, ¿verdad? Como todas las nuevas relaciones, este nuevo romance comienza contigo en una fase intensa de conocerse unos a otros. Por supuesto, ya sabes quién eres: nombre, edad, trabajo, las métricas habituales. Pero, ¿realmente sabes todas tus facetas? Y honestamente, ¿puedes decir desde el fondo de tu corazón: "Acepto todas mis peculiaridades, fortalezas y debilidades, ¡y estoy bien tal como estoy!"?

¿No te sientes así todavía? No te preocupes. Te ayudaré a llegar a ese punto.

La falta de autoaceptación se manifiesta en pensamientos y sentimientos que probablemente todos conocemos: "No soy lo suficientemente bueno, soy demasiado gordo, soy feo, soy estúpido, soy vago, nunca puedo hacerlo, soy perezoso, nadie debería saber que me siento así, no puedo sentirme así, yo debe ser diferente, estoy avergonzado". Para resolver esto y finalmente dejar de lado estas malas opiniones sobre ti mismo (sí, son solo opiniones, incluso si pueden parecerte hechos irrefutables), es importante averiguar por qué tienes una imagen tan mala acerca de ti mismo.

La razón de esto radica, ya lo sospechamos, desde nuestra infancia. Como niños, solo podemos aceptarnos a nosotros mismos tanto como nos sentimos aceptados por nuestros cuidadores. Un niño que es constantemente criticado por sus padres y a menudo tiene la sensación de que no es lo suficientemente bueno tendrá dificultades para convertirse en un adulto seguro que se sienta bien en su propia piel.

Cuando en tu niñez se afianza la creencia de que el afecto está ligado a ciertas condiciones, más adelante puedes tener la sensación de que debes ganarte o trabajar por amor: tienes que hacer algo por él y no eres digno de ser amado simplemente por tu propio bien. Incluso los niños que crecen en un ambiente indiferente o conflictivo, que han sido sistemáticamente castigados o cuyos padres mismos tienen baja autoestima, tendrán problemas como adultos para aceptar y amar. Sentirán constantemente que algo anda mal con ellos. Lo mismo se aplica a las personas que ya fueron intimidadas cuando eran niños o que fueron consideradas "extrañas" desde el principio. Además de los padres, hay otras personas, como amigos, educadores, maestros, hermanos, parientes, etc.; que inconscientemente emiten sus propias dudas y juicios acerca de nosotros a medida que crecemos y, por lo tanto, hacen su parte para hacernos sentir inadecuados. Y lo que es aún más peligroso: a medida que absorbemos esas ideas, no somos conscientes de que nuestros semejantes tienen tantos problemas como nosotros para aceptarse a ellos mismos. Después de todo, ¡todos somos humanos!

Esto crea una sombra que consiste en comportamientos y partes de la personalidad que hemos reprimido en nuestro subconsciente. No es fácil cuestionarlos, incluso si objetivamente son completamente ilógicos. Después de todo, han evolucionado desde la perspectiva de un niño para el que alguna vez tuvieron sentido. Para poder aceptarte a ti mismo, es muy importante que identifiques las fuentes de tu mala autoimagen.

El siguiente paso es **entender**. Todos los comportamientos de abnegación con los que trataste de obtener afecto, respeto y amor, no los reprodujiste intencionalmente. ¡Y eso está completamente bien! Todos somos solo un producto de nuestros genes, de nuestra educación y de nuestro medio ambiente, y tu has tenido siempre lo mejor en mente para ti: no fue posible actuar de manera diferente.

Ten compasión (¡no lástima!) de ti mismo

No tengas miedo de las opiniones malas sobre ti, pues son solo opiniones. Aunque te parezca actualmente difícil, trabájalas y déjalas ir. Aquello te ayudará a mejorar la imagen de ti mismo que percibes.

Examina todos los aspectos de tu personalidad, tanto los buenos como los supuestamente malos. Míralos con ojos abiertos: las cicatrices, los bordes ásperos, los lados bonitos, pero también los abismos, las fantasías malvadas y la rabia. Todo eso es parte de ti y te convierte en la persona que eres, ¡y tú eres correcto!

Al reconocer de dónde vienen estas sombras, entenderás porqué piensas, sientes y actúas como lo haces. Con el tiempo, esta comprensión crecerá. Sigue recordándote a ti mismo que, en general, estás bien y que todo está bien contigo. Lentamente, las dudas y los prejuicios internos desaparecerán y la sombra se desvanecerá.

Extiende tus pensamientos sobre ti. Sé consciente de aquellos que te parecen embarazosos. **Perdona tus debilidades y errores,** porque son parte de ti y no hay nada de lo que tengas que avergonzarte.

Recuerda: el camino hacia la autoaceptación y, finalmente, el amor propio, es la compasión, la comprensión y el perdón. Con culpa y dura autocrítica no logras nada, excepto una mayor abnegación. No quiero hacerte ilusiones: hasta que puedas respirar profundamente y decir en voz alta y honestamente "¡Estoy bien como estoy!" será un camino largo, rocoso y sobre todo, doloroso. No será fácil, pero te puedo asegurar que vale la pena. Si puedes aceptar todas las partes reprimidas de ti mismo, te sentirás en paz contigo.

Ejercicio: Confrontación con tu sombra

Responde las siguientes preguntas con la mayor honestidad posible. Toma nota de las respuestas.

¿Qué te desagrada de tu cuerpo?

¿Qué rasgos y características de tu personalidad no te gustan?

¿Qué pensamientos repites una y otra vez, a pesar de que sabes que te van a decepcionar?

¿Hay eventos en tu pasado que no puedes perdonar? ¿Por qué no?

¿En qué situaciones te sientes mucho más inferior?

¿Estás saboteando tu suerte?

Ahí los tienes: esos son los conflictos latentes que estás teniendo contigo mismo. ¿Qué se siente verlos al desnudo? Hazte estas preguntas una y otra vez y observa cómo van cambiando tus respuestas en el transcurso de en tu viaje hacia el interior de ti mismo. ¡Considera esto como documentación de tu creciente autoaceptación!

Por cierto, no consideres la autoaceptación como algo que te detiene, que evita que mejores. Aceptarte a ti mismo, con tus fallas, es la clave para comenzar a crecer, pues es la base sólida para cualquier desarrollo.

Llévate a una cita

Sorpréndete con una cita muy especial: todo para ti mismo, sin distracciones y con mucho tiempo. Establece una fecha específica. Visita un lugar en el que nunca hayas estado, pero del que siempre has sentido curiosidad. Planifica tu salida con tranquilidad y espérala con emoción. Mira cómo te comportas y qué tienes que decir. ¡Un tiempo especial para ti te hará enriquecer inmensamente tu vida diaria y tu relación contigo mismo!

Al igual que al principio de la cita de una pareja, es posible que al inicio te pongas nervioso o que no sepas dónde poner las manos. ¿Tal vez los otros visitantes te mirarán y creerán que te han embarcado? Relájate. En primera instancia, ni siquiera sabes lo que está pasando en la mente de esas personas, y además, realmente no te importa. Tienes una cita con una persona preciosa y le dedicarás toda tu atención. Verás que después de un tiempo que ya no estarás tan incómodo.

Tómate el tiempo para salir contigo mismo regularmente, pero también busca desarrollar pequeñas atenciones en la vida cotidiana. Disfruta de un baño caliente, lee un buen libro en la cama, sal a caminar, asiste a yoga o prepara una gran comida solo para ti. En resumen, haz algo que te haga sentir bien y muy feliz. Regálate tiempo contigo mismo. **Párate frente al espejo y cuéntate cuán hermoso, maravilloso y único eres.**

Paso 2: Permitirte sentir y expresar tus sentimientos honestamente

Pero los sentimientos no pueden ser ignorados, por injustos y desagradables que puedan ser.

— Anne Frank

Las emociones a veces pueden ser terriblemente complicadas. Claro, todos hemos querido poder controlarlas o, mejor aún, suprimirlas. La emotividad no es bienvenida en nuestra sociedad moderna: en un mundo orientado hacia el rendimiento, los sentimientos se consideran debilidades, mientras que el pensamiento racional y verdadero es deseable. Al menos así es como a veces parece. Como niños, expresamos todos los sentimientos sin filtrar y de la manera más honesta posible. Sin embargo, nos orientamos rápidamente hacia nuestro entorno y aprendemos a ocultar las emociones. O fuimos castigados por un arrebato emocional. Estas experiencias permanecen con nosotros y se convierten en la máscara con la que escondemos nuestro verdadero ser todos los días.

Los sentimientos particularmente desagradables, como la tristeza, la vergüenza o la impotencia se suprimen porque tenemos miedo a ser rechazados o condenados por nuestros semejantes debido a nuestra emotividad.

¡Y aquí es donde el amor propio entra en juego! Cuando aceptamos nuestro cuerpo y personalidad, también podemos aprender a aceptar y enfrentar nuestros sentimientos. ¡Sin miedo!

Las emociones emprendedoras nos roban mucha fuerza que luego falta en otros lugares. ¡Esto incluso nos puede enfermar! Es por eso por lo que nos enfocaremos en la mejor forma de lidiar con nuestros sentimientos. Los sentimientos dan a nuestra vida solo la sazón correcta. Puede parecer tentador al principio no tener que estar triste, pero ¿qué otra cosa sería divertida? Así como la luz necesita de la oscuridad, necesitamos el espacio completo de nuestro mundo emocional. Tan pronto como aprendemos a permitir sentimientos incómodos, de repente percibimos las bellas emociones de forma más colorida e intensas que antes.

Una aclaración importante: no existen los sentimientos negativos. Las emociones son justas. Punto. Todo lo demás es nuestra percepción subjetiva. Si nos sentimos incómodos, lo juzgamos negativamente. Por el contrario, es lo mismo. En realidad, es lógico, ¿verdad? Solo las acciones que hacemos en el efecto de nuestras emociones pueden ser incorrectas. Por ejemplo, odiar no está mal, pero pegarle a alguien es un error.

Permitirte sentir

Antes que nada, es importante que aprendas cómo transmitir sentimientos concretos sin esconderlos o sin tenerles miedo. Es fácil hacerlo centrándote en tu respuesta física. ¿Cómo se siente tu cuerpo cuando tienes miedo? ¿Tal vez te sientes mal en el estómago, te sudan las manos o tienes hipo?

No importa qué emoción sea, toma un rol de observador. De esta manera, solo observa, sin luchar como de costumbre contra la sensación. Porque lo desagradable no es la sensación en sí misma, sino tu reacción ante ella.

¡Solo mantente presente, observa, siente y no juzgues! Para aprender esto, sin caer inmediatamente de nuevo en un monólogo interno, la meditación puede ser una herramienta sumamente útil.

Sin embargo, ¡atención! Recuerda que tus emociones forman parte de lo que eres, pero no son todo. A veces nos convertimos en la pelota de nuestras emociones; nos dejamos vencer y caemos a su merced, al dominio de ellas. Grave error.

Por suerte, también existen algunas herramientas para este caso. Antes que nada, es importante mantener la calma, aunque suene cliché decirlo. Aprende algunas técnicas de respiración, pues éstas te ayudarán a relajarte, a no dejarte llevar. Te devuelven el control.

Ejercicio: respirando

Respira y cuenta hasta cinco. Mantén la respiración durante cinco segundos, y luego exhala por otros cinco segundos.

Cuenta sus respiraciones: inhala (1), exhala (2), inhala (3), etc. hasta que alcances 10. Luego, comienza de nuevo desde el principio.

Repite el ejercicio hasta que te sientas más tranquilo.

¿Cómo puedes ahora aprender a manejar tus sentimientos?

¡Nombra lo que estás sintiendo! Hay muchas palabras para eso, pero para hacer las cosas lo más simple posibles, solo tiene que elegir entre una de las siguientes cuatro emociones: miedo, tristeza, rabia o alegría.

• **Miedo:** te preguntas a ti mismo *"¿Qué pasa si ...?"*. ¿Qué pasa si pierdes tu trabajo? ¿Qué pasa si tu pareja te deja? ¿Qué pasa si nadie te gusta en la universidad? Todos estos pensamientos son acerca de tu futuro.

• **Tristeza:** estás pensando en algo que no puedes cambiar, como un evento de tu pasado. Estás cansado, te sientes pesado y no puedes concentrarte bien.

• **La rabia:** es la reacción más común cuando te sientes atacado por tus valores.

• **Alegría:** es lo que sueles sentir cuando piensas en algo que ya has logrado.

Ya clasificar tus sentimientos en una de las cuatro categorías te ayuda a permanecer enfocado y no dejarte llevar. Ahora que ya identificaste tu sentimiento, puedes intentar descifrar qué trata de comunicarte. Para lograrlo, responde las siguientes preguntas:

• Miedo: ¿A qué le tengo miedo?

• Tristeza: ¿Qué perdí?

• Rabia: ¿Cómo me lastimé?

• Alegría: ¿Qué logré?

Una vez que has nombrado tu sentimiento y has descubierto lo que quiere comunicarte, ha llegado el momento de hacer algo al respecto. Averigua qué puedes hacer para cambiar la situación, si es que deseas cambiarla. Por ejemplo, si deseas pasar un examen importante, puede reunir material didáctico, pedirle a tus amigos que te ayuden a aprender, tomar prestados libros útiles de la biblioteca o ver videos sobre el tema en YouTube. Al cambiar las circunstancias activamente, ya no estás solo con tu miedo.

Cierto, no siempre puedes hacer algo para mejorar tu situación. Lo bueno es que, no importa lo que suceda, siempre hay formas de lidiar con tus sentimientos. Puedes hablar con una persona de confianza sobre tus emociones, anotarlas en un diario, practicar deportes, ser creativo o iniciar una terapia de conversación.

Desarrolla tus propias estrategias y descubre qué es bueno para ti (¡y saludable!).

Cambiar sentimientos desagradables

Vivir y estar presente en este momento es muy útil cuando se trata de permitir tus emociones. ¡Pero puedes hacer más! Nuestros pensamientos y sentimientos están inextricablemente unidos y **tus pensamientos pueden influenciarte.**

Así que, aunque te cueste creerlo, tienes en tus propias manos la decisión de quitarle a los malos sentimientos el poder que tienen sobre ti. Después de todo, recuerda que cada sentimiento que desencadena un evento nace de tu percepción y no del evento en sí. Todo se trata de cómo lo califiques.

Un ejemplo: todas las personas sienten dolor cuando se cortan los dedos, pero no todas las personas se sienten heridas cuando dicen alguien les dice "hijo de puta", simplemente porque califican las palabras de manera diferente. Con el tiempo te darás cuenta de que depende de ti cómo se sientes. Si bien no puedes cambiar tu temperamento, puedes aprender a actuar de manera diferente en situaciones difíciles.

• Nadie causa tu ira, tu rabia o tu odio (¡pero tampoco tu suerte!) como tú mismo.

• No es tu culpa si alguien se siente mal.

• ¡Al descubrir por qué estás molesto y cambiar tus pensamientos, realmente puedes ser feliz!

Todos reaccionamos a ciertas cosas de una manera particularmente sensible y emocional. Estos son nuestros botones de acceso rápido. Por ejemplo: si tienes un compañero de cuarto al que no le gusta lavar los platos, te molestarás cada vez más cuando queden platos sucios en el fregadero. Pero, ¿cómo puedes dominar mejor esas situaciones? El primer paso es, como siempre, identificar tu botón de acceso rápido.

• Asume la responsabilidad de tu reacción. Es tu sentimiento. **Nadie tiene la culpa de hacerte sentir de la manera en que lo haces.**

Más bien, se retraen los patrones de pensamiento que tienen lugar frente a tus botones de acceso rápido.

• Nombra tus sentimientos: enojo, ira, miedo, etc.

• Deja de compadecerte. No eres la víctima en esta situación.

• Permítete conectarte con tus sentimientos y explorarlos.

• ¡Y ahí tienes tu botón!

En el futuro, cada vez que vuelvas al patrón anterior y reacciones con cierto sentimiento, sabrá por qué lo haces y podrás recordarte a ti mismo que debes asumir la responsabilidad por ello. Con el tiempo, reaccionarás con menos fuerza a tu botón de acceso rápido.

Al permitir tus sentimientos, aceptarlos y responsabilizarte por ellos, te vuelves más feliz.

Experimenta la libertad emocional y tendrás más energía para otras cosas en la vida. Finalmente, ya no deberás fingir más u ocultar tus emociones. Aprende a confiar en tus sentimientos: Ellos se convertirán en tu guía hacia la dirección correcta.

Paso 3: Sé feliz

Raramente sabes lo que es la felicidad, pero usualmente
sabes lo que fue la suerte.

– Françoise Sagan

¿Qué es la suerte? ¿Cuándo estás feliz?

Todos buscamos la felicidad, pero no hay una respuesta general a la pregunta. Todos tienen una visión diferente de la felicidad. Sin embargo, a veces, confundimos la suerte con el significado de felicidad. El significado de la vida es menos tangible que la felicidad de la vida; tenemos más de una idea.

El filósofo Wilhelm Schmid dividió el concepto de felicidad en tres formas diferentes.

Antes que nada, habría **suerte al azar.** Tenemos suerte si encontramos dinero en la carretera, ganamos la lotería o esquivamos el árbol que cae en la calle. Si este es el destino o si es el plan de Dios para nosotros es una pregunta abierta, siempre se tratará de eventos en los que no tenemos la más mínima influencia.

No podemos abrirnos a este tipo de felicidad basada en las coincidencias. Quien no juega a la lotería, debe estar seguro de que no va a ganar el premio gordo, pero no puedes hacer más.

La definición de sentir buena suerte se acerca mucho más a la comprensión general de la felicidad. Cuando nos sentimos bien y nos divertimos, nuestros cerebros derraman galones de hormonas de felicidad. Estamos en una especie de estado similar.

En esta forma de felicidad, solo esos sentimientos tienen espacio en lo que se califica como positivo. Las sensaciones desagradables son desplazadas. La publicidad y los medios de comunicación a menudo sugieren que el bienestar es la verdadera felicidad, por lo que perseguimos esa idea. Sin embargo, aquella mal llamada felicidad es de corta duración y se mide en momentos que generalmente no son repetibles.

Por supuesto, la buena suerte tiene su justificación: el olor del café en la mañana, un gato ronroneando en nuestro regazo, una puesta de sol brillante. Podemos afinar nuestra conciencia en esos momentos de felicidad y, con un poco de experiencia, conoceremos los ingredientes para un momento tan armonioso. Sin embargo, tan pronto como no deseemos optimizar esos momentos, sino maximizarlos, erradicando cualquier sentimiento negativo, cualquier discrepancia, esa búsqueda nos llevará directamente a la ruina.

En todas partes nos programamos para sentir la felicidad del bienestar: "¡Compra nuestro producto y serás feliz!". En los blogs, Facebook e Instagram, solo las personas que son permanentemente felices y cuyas vidas parecen consistir en una sola descarga de serotonina parecen estar retozando. No es fácil separarse de eso.

En opinión de Schmid, el truco consiste en ver el tiempo sin bienestar como algo más allá de una pausa no deseada entre dos estados de felicidad, que debe superarse rápidamente. Hay que verlo como tiempo igual de importante, ya que necesitamos este contraste, el negativo, el dolor, para poder experimentar la verdadera felicidad en primer lugar. Schmid lo llama: **La felicidad de la abundancia.**

Este tercer tipo de felicidad lo abarca todo: incluye tanto los momentos positivos como las cosas dolorosas, tristes y grises que son inevitablemente parte de la vida. Siempre habrá conflictos y guerras, ataques terroristas, enfermedades y muerte. Por otro lado, no podemos hacer nada, e incluso si nos peleamos y nos cruzamos, nada cambiará.

Al ver la felicidad como una abundancia, como un equilibrio siempre cambiante entre los opuestos de la vida, no dependemos de la felicidad accidental o entretenida, aunque, por supuesto, también necesitamos estas dos fortunas. La vida no es solo un vuelo, sino que se parece a las olas en el mar o al ciclo de la naturaleza. Al permitir deliberadamente las emociones negativas, como se discutió en el capítulo anterior, obtienes una especie de brújula. Te da la oportunidad de escucharte a ti mismo una y otra vez, cuestionar tu camino y tal vez realinearlo.

¿Conoces tus necesidades?

Todos los seres humanos tienen anhelos, deseos, impulsos y necesidades que instan a la realización. Esto sucede cuando somos felices.

Si no somos conscientes de nuestras necesidades y no podemos satisfacerlas en consecuencia, no estamos bien. Estamos insatisfechos y nerviosos, y tenemos la sensación de que algo no parece estar de acuerdo con nosotros. Peor aún, las necesidades no satisfechas encuentran su camino a través de un comportamiento destructivo. Entonces, si descubres **lo que necesita y lo cuidas bien**, ¿sabes (y aceptas) tus sentimientos aún mejor y **practicas el amor egoísta puro?**

Existen diferentes enfoques para explicar o clasificar necesidades, como la pirámide de necesidades de Maslow o la matriz de necesidades según Manfred Max-Neef. Relativamente fácil de entender es el modelo del psicólogo Hans-Georg Häusel.

Según él, las necesidades vitales básicas para el centro de nuestras acciones son: el oxígeno, la comida y el sueño. Claro, si no sintiéramos estos impulsos, no podríamos vivir. Pero hay otros sistemas emocionales, casi igualmente esenciales, que funcionan en nosotros y que a menudo desconocemos. Häusel los divide en tres categorías:

Equilibrio: Estos incluyen, ante todo, el deseo de seguridad, orden, estabilidad y armonía, así como la búsqueda de apego en un grupo social (familia, amigos, asociación) y un anhelo de cuidado. Este último es esencial para la supervivencia de la descendencia, pero también lo transmitimos a nuestros amigos, socios, parientes y otros seres vivos. Nos esforzamos por equilibrar un sistema, una vez que se ha logrado. Si se pierde el equilibrio, sentimos miedo.

La estimulación incluye la curiosidad, el hambre de vida, nuestro deseo de investigar y la necesidad de crecimiento y desarrollo. Queremos jugar, experimentar estímulos sensoriales y emprender aventuras, sentir la necesidad de emoción y éxtasis. Si este sistema de emoción no se cumple, nos sentimos aburridos.

La dominación es el impulso del progreso. Queremos opinar en nuestro entorno, tener razón, extendernos y prevalecer. La dominación insatisfecha conduce a la frustración, la ira y la depresión.

El autor Veit Lindau refinó estas categorías y les agregó las siguientes: **cercanía, Crecimiento, servicio y trascendencia.**

Todos somos impulsados por estas siete necesidades principales, pero no todas son igualmente fuertes. Häusel sospecha que cada persona tiene un enfoque y distingue diferentes tipos de personalidad, como el aventurero (estimulante y dominante) o el tradicionalista (seguridad, baja orientación hacia el futuro).

¡Descubre cómo eres!

¿Qué tan importante es la seguridad para ti?

¿Anhelas la cercanía?

¿Qué tan curioso eres?

¿Qué tipo de ambiente necesitas para desarrollarte?

Para saber qué te mueve, puedes intentar retroceder. Si haces algo, entonces estás enraizando para ello.

¿Qué necesidad trataste de cumplir con tu acción?

Recuerda: nadie más es responsable de tu felicidad como tú mismo.

Solo tú puedes saber lo que necesitas y cuáles son tus necesidades, y solo tú puedes cumplirlas. Con esta actitud, irás mucho más relajado a lo largo de la vida. Te será más fácil entender a tus semejantes y mejorará tu capacidad para empatizar, perdonar y crear lazos afectivos más fuertes.

¡Sé egoísta!

Si exploras tus necesidades y te aseguras de que estás bien, otras personas te percibirán como egoísta. Desafortunadamente, no asociamos nada bueno con esta palabra, sino que pensamos en contemporáneos hostiles e implacables que solo hacen algo si se benefician de ello.

Pero el egoísmo es realmente importante y saludable: quien actúa egoístamente se cuida a sí mismo y pone sus propios deseos en primer plano.

Estas son todas las cualidades de una persona que se ama.

¡Y quién se ama a sí mismo, es feliz! ¡El mundo necesita aún más personas egoístas, amorosas y felices!

Las personas felices tienden a preocuparse más por sus semejantes, les gusta ayudar, son creativos, amigables y tienden a ser extraños. Si eres egoísta para ser feliz, estás haciendo una pequeña parte para hacer de nuestro planeta un lugar mejor.

Paso 4: Encontrar valor(es) vivido(s)

Poder vivir y sentirse bien con los valores internos de uno es la verdadera prosperidad.

– Manfred P. Zinkgraff

Para comprender por qué es tan importante encontrar los propios valores, primero nos ocuparemos de entender cuáles son valores realmente.

Los valores son nuestra brújula interna. Con su ayuda, evaluamos si nuestras propias acciones o las de los demás son, en nuestra opinión, correctas o incorrectas, buenas o malas. Si violamos nuestros propios valores, nos sentimos mal.

Incluso si actuamos en contra de nuestros valores, no nos sentimos bien. Ejemplos de valores son honestidad, tolerancia, lealtad o respeto.

Al comienzo de nuestras vidas, nos guiamos por los valores de las personas que nos educan, y más adelante se agregan más y más. Eso sucede automáticamente, es por eso por lo que están tan profundamente arraigados en nuestro subconsciente.

Pero a menudo aceptamos los valores de los demás sin cuestionarlos ni internalizarlos realmente.

Aquellos que desconocen sus valores se vuelven susceptibles y tropiezan desorientados a lo largo de sus vidas. Les falta el piloto interno en el camino hacia su verdadera autorrealización.

¿Puedes decir cuáles son tus valores?

Quizás aún pienses en los términos que acabo de mencionar, porque esos son solo los valores que debes tener (quienquiera que seas). Pero solo cuando sabes qué cualidades consideras valiosas, puedes actuar en consecuencia y darle sentido a tu vida. De lo contrario, solo te sabotearías y te sentirías insatisfecho e infeliz sin saber la razón.

Por ejemplo, si vives con alguien en una relación que regularmente viola tus valores (y todavía estás inconsciente hasta este momento), esa conexión no te llenará o sentirás que son inconsistentes hasta que se rompan. Tu profesión también debe ajustarse a tus valores. Después de todo, constituye una gran parte de tu vida.

Entonces, ¿cómo, preguntas ahora, me daré cuenta de mis valores? ¿Cómo puedo traducir mis valores, y de dónde obtengo el poder?

Tómate de dos a tres horas para trabajar en tus valores. Una vez que empiezas a hacer eso, el tema no te permitirá ir tan rápido, pero de todas maneras tendrás momentos sorprendentes.

Escribe tus respuestas y puntos de vista, no solo durante el primer ejercicio, sino también en las próximas semanas. A través de la autorreflexión detallada, experimentarás sorprendentes momentos y gradualmente reunirás una imagen clara de tus valores.

Hay un ejercicio sencillo para hacer que hará que tus valores internos sean visibles:

Presenta tu funeral. Esto no es tan macabro como creías inicialmente, porque te hayas dormido plácidamente en este experimento mental después de una vida larga y satisfactoria.

Por supuesto, uno de tus parientes más cercanos dará un discurso conmovedor y destacará tus rasgos de carácter más importantes: ahí están, tus valores.

Si quieres ver varias áreas de la vida individualmente, por ejemplo, tu familia, tu trabajo o tu relación, deja que cada persona de otra área hable, puramente mental, por supuesto.

El estudio intensivo de las siguientes preguntas también te acerca a tus valores:

- ¿Qué quieres lograr?

- ¿Cuáles son tus pasiones?

- ¿Por qué estás luchando?

- ¿Qué te impulsa?

- ¿Qué te molesta?

- Si fueras el Rey de Alemania, menciona tres cosas que cambiarías.

- ¿Qué hace falta en el mundo?

Dado que a veces no es tan fácil encontrar las palabras correctas, puedes ver en Internet listas completas de valores que te ayuden a elegir los términos correctos. Pero, pruébalo al principio sin ayuda y no elijas esas palabras que suenan bien. ¡Siempre sé honesto contigo mismo!

Con una lista simple, el trabajo aún no está hecho. A continuación, establece de cinco a diez valores que sean más importantes para ti personalmente y anótalos en una nueva hoja de papel. Luego, considera para cada término la mejor forma de definirlo para ti. Lo que otras personas piensan no importa, se trata de tu comprensión personal de este valor.

- ¿De dónde viene este valor?

- ¿En qué áreas de tu vida este valor es de particular importancia para ti?

- ¿Cómo lo implementas?

- ¿Qué sientes cuando tú o alguien más ignora este valor?

Escribe tus respuestas de forma clara y detallada. Será mucho mejor si incluyes ejemplos de tu vida. Hazlo simple y en tus términos. La idea tampoco es redactar un tratado filosófico.

Ahora, se trata de organizar jerárquicamente tus valores. Este no es un ejercicio fácil, e incluso puedes necesitar algunos días para configurar tu sistema personal de valores. Si no puedes decidir nada, otorgua dos valores con la misma prioridad.

Antes de continuar, pon a prueba tus valores para ver si realmente se trata de tus valores. Para esto respondes las siguientes preguntas:

- ¿Sus valores se originaron en una motivación interna o provienen del exterior? Si encuentras la palabra "debería" en ella, no son sus valores.

- ¿Uno de tus valores es solo un medio para alcanzar otro valor? Si, por ejemplo, el minimalismo es importante para ti, porque solo crees que puedes ganar independencia, entonces la independencia es el valor porque lo valoras más. Recuerde, hay muchas formas de llegar a un destino.

• ¿Tus valores se reflejan en tus acciones?

• ¿Estarías orgulloso de mostrarle a alguien más tu lista? Si puedes responder honestamente a esa pregunta, entonces debes hacer justamente eso. Debido a lo instructivo que puede ser este ejercicio, muchas personas todavía tienden a sentirse cómodas o adquieren valores ajenos sin cuestionarlos. Para evitar esto, puedes hacer esta tarea de jerarquizar tus valores en compañía de un amigo o persona de confianza. Es importante que tu interlocutor te conozca bien y pueda criticarte honestamente.

Pero no puedes describir muy bien tus valores y luego olvidarte: ¡Ahora depende de ti! Antes que nada, piensa en las situaciones en las que realmente viviste los valores de tu lista. ¿Cómo te sentiste en ese momento?

¿Qué valores todavía no has implementado? ¿Por qué no?

Concéntrate solamente en un área de la vida y en el valor que lidera tu lista. ¿Qué puedes hacer específicamente para integrarlos en la vida? ¡Imagina la situación en detalle!

Mientras más manejes tus valores, más comenzarás a pensar en los valores de tus semejantes. ¿Qué motiva sus acciones? ¿Qué valores podrían ser importantes para ti? ¿Están de acuerdo con los tuyos?

De repente, te resulta mucho más fácil sentir empatía por otras personas y, por lo tanto, contribuye en una pequeña parte a una unión mejor y más comprensiva. Manejar intensamente sus valores es un requisito previo para una vida feliz y plena. Sé lo suficientemente valiente como para despojarte de las normas sociales y descubrir por ti mismo qué cualidades valoras. Por cierto, tu sistema de valores no es una construcción estática, sino modificable. Las experiencias buenas y drásticas pueden cambiar la ponderación de tus valores o agregar nuevos valores a la lista.

Paso 5: ¡vive auténticamente!

¡Sé tú mismo! Todos los demás ya están tomados.

– Oscar Wilde

El amor propio es monógamo: tienes que mantenerte fiel a ti mismo. De lo contrario, no funcionará.

Has aprendido a vivir hasta ahora. ¡Muy real, muy concreto! Tu amor propio vive de las acciones y no de las palabras y casi no puedes esperar para comenzar.

Las personas que son fieles a sí mismas, las percibimos como auténticas.

Según Wikipedia, una persona es auténtica cuando sus acciones no están determinadas por influencias externas, sino por sí mismas. No usan máscaras y no se doblan según las ideas de los demás. Son completas y honestas.

Suelen ser personas calmadas y que irradian serenidad, porque acepta sus fortalezas y debilidades. Se aman y aceptan a sí misma.

Y estás en camino de hacerlo también. Has explorado tu ser, tus emociones, necesidades y valores. Te has acercado mucho más a ti mismo en las últimas páginas. ¡Ahora es el momento!

Has elegido amarte a ti mismo y vivir tu verdad. Prepárate para que no todos en tu círculo de amigos y conocidos puedan manejarlo. Es muy probable que tu reputación cambie.

No todos tienen la fuerza para conocer a una persona honesta con asperezas. Deja que aquellos que no soporten a tu persona real se vayan, porque nunca te conocieron y ya no necesitas su afecto.

Regocíjate con los verdaderos amigos, porque esos son los que se quedan.

¡Quítate la máscara!

Solemos mostrar a nuestros compañeros de trabajo una cara diferente a la que mostramos a nuestros padres o pareja. ¡Deténlo ya! Encuentra el coraje y la valentía para mostrar tu verdadero yo.

Pronto te darás cuenta de que solo te puedes sentir bien con personas que te conocen sin máscara.

¡Sé valiente, atrévete y prueba lo que se siente ser AUTÉNTICO!

El amor propio sin conocer a otras personas no es más que ilusión. ¡Necesitas la retroalimentación! Con cada humano que muestres, tu comprensión en ti crece. ¿Qué estás esperando?

¡Escucha tu instinto!

Seguramente ya has experimentado que tu intuición es correcta en muchos casos. Puede que esta sensación visceral de naturaleza puramente emocional parezca poco confiable, ¡pero es todo lo contrario! Hay toneladas de información, experiencias y recuerdos almacenados en su subconsciente, y tu instinto la utiliza para tomar decisiones rápidas. Por supuesto, tu intuición puede estar tan equivocada como tu mente. Este riesgo siempre existe.

¡Se honesto!

Ser fiel a ti mismo significa ser honesto. Honesto en tus palabras y en sus acciones. Por supuesto, significa ante todo que no debes mentir a otras personas ni a ti mismo. Claro, las mentiras blancas se escapan rápidamente y si intentas por un día decir la verdad, te preguntarás cuán difícil es eso. Sé honesto con otras personas y no solo digas lo que quieren saber de ti.

Sé honesto en tus acciones y defiende tus valores. Si vives como vegetariano, no puedes administrar una fábrica de cuero. Una banda nunca tocará música que no le guste. Asume las consecuencias, si es necesario. Ese es el precio de la vida auténtica.

Pide ayuda, si los necesitas

Como persona auténtica, eres consciente de la humanidad maravillosamente imperfecta y debes ser capaz de defenderla. No puedes saber ni hacer todo, así que no te avergüences de pedir ayuda o aceptarla.

¡Construye y mantén relaciones a largo plazo!

Rodéate de las personas adecuadas. Las personas que son como tú y viven tus mismos valores. Gente con quien puedes crecer. Relaciones afectivas en las que prevalece la confianza y el respeto mutuo. Necesitas mucho tiempo y paciencia, ¡pero valdrá la pena!

Ayuda inmediata: 10 maneras de amarte

Necesitas tiempo para muchos de los ejercicios y experimentos mentales en este libro. Y por supuesto que los necesitas si quieres aprender a amarte. Cada amor tiene que crecer y el amor propio no es una excepción. Sin embargo, hay algunas cosas pequeñas que puedes hacer todos los días desde hoy para demostrar tu amor hacia ti mismo de manera constante. Es un gran comienzo para tu nueva relación contigo mismo:

1. Come sano y con alimentos valiosos que harán que tu cuerpo y tu alma estén bien. Si tu alma llora por helado de chocolate, dáselo.

2. Mueve tu cuerpo, no para combatirlo, sino por el movimiento. Determina qué deporte es bueno para ti o intente algo nuevo.

3. Practica la gratitud y encuentra algo todos los días por lo que estás agradecido.

4. Deja de compararte con otras personas y disfruta de tus grandes y pequeños defectos: te hacen único.

5. Rodéate de buenos amigos y pasa tiempo con ellos.

6. Crea un ritual de amor propio y celébralo a diario.

7. Tómate un pequeño descanso todos los días. Corta todas las distracciones (internet, teléfono, TV) y simplemente cuida tu respiración.

8. Sé amigable y trata a tus semejantes de la forma que desees.

9. Si quiere decir "no", dí "no".

10. Escribe tus pensamientos, por ejemplo, en un diario.

Amor propio en la práctica

Ya has dado un gran paso. Tu amor propio ahora habrá crecido y es más estable que antes. Disfruta la sensación y no la dejes ir. Si todas las personas se aman lo suficiente, eso es una garantía de felicidad y armonía. Desafortunadamente, en la vida cotidiana nos encontramos con personas y situaciones que pueden atacar nuestro amor propio.

En su mayoría se trata de reaccionar de forma espontánea y rápida, sin volver a caer inmediatamente en los viejos patrones. En este capítulo aprenderás a encontrar las palabras y los comportamientos correctos cuando tu amor propio se ponga a prueba.

Antes de eso, debes dejar en claro que nadie se refiere a ti personalmente si no ha compartido cosas buenas contigo. Una idea importante que puede ayudarte a darte cuenta de tu amor propio es que nuestros supuestos adversarios no actúan por una cierta aversión hacia nosotros. Por el contrario, su comportamiento se debe a que ellos mismos carecen de mucho amor propio. Ellos ven algo en ti que les falta. Tú les muestras su debilidad. Les duele darse cuenta de su propia insuficiencia. Están inquietos por ti, porque les molesta tu éxito. Eso asusta y crea inseguridad.

Así que mantente amigable y paciente, porque tu amabilidad te calmará y tú mismo ganarás más y más paz interior. Cualquiera que actúa negativamente hacia otros, muestra su propia resistencia interna. Nada más.

Algunos contemporáneos intentan alcanzar el nivel de los ojos. Sin mostrar arrogancia, puedes mantener tu distancia. No tienes que lastimarte. Si te quieres a ti mismo, dejarás la conversación sonriendo. No hay nada que hacer mientras una contraparte está ocupada con sus propios conflictos internos. Tu entorno necesita tiempo para conocerte nuevamente. Ellos se han acostumbrado a tu antiguo yo y tienen que revivirlo para poder experimentar tu nuevo yo. Quieren mantenerte como estaban acostumbrados a ti. Dales tiempo.

La mayoría de las veces son conexiones muy específicas las que nos alejan del amor propio y dejan atrás nuestra propia felicidad. Estas son dependencias que probablemente desconozcas. Por eso su efecto es más exitoso.

Cuando te escuches a ti mismo, encontrarás que hay dos componentes que siempre serán parte de tu vida. El primero de estos es el apego a otras personas. A nadie le gusta sentirse solo o aislado. El segundo componente es el crecimiento. A la gente le gusta crecer, ser más fuerte o tener más éxito.

Nuestra vida diaria puede contar muchas historias al respecto. Tenemos deseos y anhelos que nos llevan una y otra vez. Cuando estos dos aspectos importantes ya no existen, las personas se enferman mentalmente. La idea de estar solo y al mismo tiempo sin posibilidades de crecimiento deja a todos con miedo y terror. Por lo tanto, el inconsciente asegura que la conexión y el crecimiento permanecen con nosotros. Incluso si uno de estos dos aspectos amenaza con desaparecer, reaccionamos con miedo. Nos aferramos fuertemente y no queremos arriesgarnos.

Nadie sabe lo que depara el futuro. El amor propio también significa confianza. Cuando algo termina, algo nuevo comienza. Esta confianza básica será más fácil si te das cuenta de cuántas despedidas exitosas y nuevos comienzos ya has dominado en tu vida. Has venido de la escuela al trabajo, desde la niñez hasta la edad adulta y fue bueno, ¿verdad? Atrévete al final, si es necesario. Un comienzo sigue de cerca.

Cuando el amor propio comienza a temblar, es porque la conexión o el crecimiento está en peligro. Este puede ser el caso en la vida privada y /o profesional por igual.

Primero veamos el área privada. Esto tiene que ver muchísimo con la sumisión. Socios, niños y amigos satisfacen nuestra necesidad de escapar de la soledad y tener contacto con otras personas. Debes tener algunas personas en tu entorno cuya presencia y consejos aprecias enormemente. Nuestro entorno es importante para que recibamos reconocimiento y atención. Queremos pertenecer, el hombre no es un solitario. Por esta razón, las personas conocidas cumplen una tarea muy importante en la vida. Estas personas son importantes para ti y eso es algo bueno. Es perfectamente saludable mantener relaciones sociales estables. Las relaciones fuertes y saludables son algo indispensable para las personas que se aman a sí mismas.

Esta clase de relaciones no se tratan de negociación ni rendimiento. No se trata de cuánto estás dispuesto a pagar por un alto compromiso en la relación.

Te quieres a ti mismo porque eres lo que eres. Amas tus fortalezas y tus debilidades. Puedes perdonarte y tener paciencia contigo. Te desafías a ti mismo y puedes darte reconocimiento. Puedes y debes esperar esta interacción de otras personas también.

Amor propio en tu sociedad

Si un compañero con el que tienes una relación feliz exige mucho de ti, eso no es necesariamente un problema. Algunas parejas viven a través de un alto nivel de exigencia. Esto sólo funciona cuando ambos están listos para hacer mucho por la relación. Si ambos acuerdan y fomentan la relación, es adecuada.

A menudo, sin embargo, hay hábitos que pueden ser peligrosos para el amor propio. Algunas parejas esperan que el otro contribuya más. Este es el caso, por ejemplo, de cuando tu pareja (o tu mismo, alguno de los dos) siempre quiere decidir cómo pasarán el tiempo juntos. Puede que hasta este momento no te haya importado olvidarte de tus necesidades para comprometerte con la relación. El tiempo juntos siempre fue más importante para ti. Así es como mucha gente se siente. Sin embargo, esto no está bien. Si bien es correcto ceder en ocasiones, debes recordar que tus necesidades también deben estar cubiertas.

Hasta ahora, es posible que tu pareja o compañero no sepa cuánto limita su unión. Primero sentirás caer de las nubes e incluso puede que se sienta atacado por ti. Esa es una reacción comprensible, porque tu cambio le sorprenderá. Él o ella no estará seguro. ¿De dónde viene ese cambio tan repentino en ti? No se sentirá capaz de adivinar. Su comodidad habitual está en peligro, por lo que probablemente no tomará tus nuevos impulsos con igual entusiasmo que tú.

Eso no significa que debes perdonarle. No esperes que el otro se dé cuenta inmediatamente de cuánto has desperdiciado y sacrificado hasta ahora. No te desesperes, no pienses en tirar todo por la borda. El amor propio también significa no cambiar la vida con una palanca. Podría ser contraproducente y ciertamente eso no es lo que quieres.

Amarte a ti mismo también es una misión para iniciar amorosa y sabiamente cambios en tu bienestar.

Solo comienza por expresar tus necesidades. Algunas veces es suficiente señalar al otro que él ha determinado la última reunión. Esos pequeños detalles, en ocasiones, logran maravillas. La condición es, como sabes, extrema, de lo contrario; tu contraparte no puede responderte.

Si eso por sí solo no es suficiente, entonces necesitarás una estrategia. Demuéstrale a la otra persona que puede soportar tus necesidades. Planifica la acción que es importante para ti, aunque sea en solitario. Puedes solicitarle a tu pareja que se independice por algunas horas, para que tú puedas tomarte tu tiempo. Eso, de por sí, llamará su atención. Si no pones sus propias ideas en acción, tu compañero no lo tomará en serio. Después de diseñar algunas estrategias puede haber algún cambio, y es así, significa que has enriquecido tu relación con amor propio.

Si las cosas no van tan bien como lo esperabas, entonces debes tener paciencia, pues recuerda que tu ser querido no querrá renunciar a su supremacía tan fácilmente. Cuanto más tiempo te subordinas, más difícil se vuelve el cambio. Ahora el latido inconsciente. No deseas perder a tu pareja porque la conexión es una de las necesidades básicas del ser. Entonces, existe el riesgo de que puedas luchar y quieras rendirte al final. Con ello, renuncias al amor propio y te confundes con la devoción a la relación.

Aquí se requiere fuerza. Quédate con tus ideas y no des un paso más hacia tu pareja. Sólo hasta la mitad. Sugiere cambios constructivos. Estos pueden consistir en seleccionar siempre los contenidos de la hora común alternativamente. **O puedes sugerir un consenso. Imagina el siguiente escenario: deseas hacer algo especial con tu pareja, como ir a comer con tu pareja a un restaurant italiano con muchas estrellas Michelin. Sin embargo, tu pareja no se siente cómoda con el gasto económico. Piénsalo, una buena alternativa (mucho más accesible) puede ser hacer una rica pizza juntos en casa, y preparar la mesa elegantemente.**

Los compromisos no siempre son regresión. También puedes ampliar tus horizontes y los dos pueden disfrutar mientras descubren algo nuevo. Lo importante de todo esto es que permanezcas fiel a ti mismo.

Si el consenso no es posible, haz lo que consideres importante para ti. Explica tranquilamente a tu pareja cuán importante es para ti, que sus ideas vayan en la misma dirección. Procura siempre mantener la calma y el equilibrio.

Tu pareja siente miedo de perder la conexión que existe entre ambos. Dale la misma atención que tú desees. El secreto de la felicidad a través del amor propio yace en el vínculo con toda la vida.

El que siente amor propio, ama también a los demás. El amor no puede ser limitado y el amor que puedes darte a ti mismo también se extiende a tus semejantes.

Si su relación está fundamentada en una base sólida, tu compañero será menos dominante en el futuro. No esperes demasiado al principio. Dale la oportunidad de comprender tu nuevo amor propio paso a paso. Tomó un tiempo desarrollarlo para ti. Después de todo, tu amor propio no se interpondrá en el camino de una feliz unión.

Una persona que te hace bien es probablemente una de las necesidades que deseas satisfacer. Solo toma un poco de trabajo mostrarle a tu compañero que has cambiado. Por favor, no te olvides de ser paciente. Porque lo trajiste por el camino equivocado cuando no te cuidaste bien.

Amor propio y amistades

Otro espacio en el ámbito privado que debes cuidar son tus amistades. Los buenos amigos son importantes para hacernos sentir seguros y disfrutar de la vida. Una persona sin amigos es una persona muy solitaria. Pero es muy posible que incluso tus amigos reaccionen irritados por tu propio progreso.

¿Siempre fuiste el compañero amable en quien se puede confiar ciegamente? ¿Tal vez siempre estuviste de buen humor o escuchando las preocupaciones de tus amigos?

La mayoría de las personas asumen roles en relaciones que se supone garantizan su apego. Ahora que se acabó, te amas demasiado para jugar un papel secundario.

Has tomado el camino hacia una personalidad auténtica y quieres ser amado por tu propio bienestar. Con ello, las amistades son puestas a prueba. Desafortunadamente, la misma estrategia usada con las amistades no pueden emplearse en las relaciones amorosas. Lamentablemente, los amigos a menudo son reemplazados y solo se mantiene un pequeño grupo de mucha confianza. Puede suceder que tus amigos estén listos para cerrar la brecha que podrías abandonar demasiado rápido. Esto se debe a que los grupos a menudo han asignado roles que son más importantes que los individuos mismos.

Cuanto mayor es el círculo de amigos, mayor es el peligro de que tus amigos te rechacen en lugar de acompañarte en tu cambio. Ahora, al igual que en tu relación de pareja, ayuda ser fiel a uno mismo. Quizás tengas que vivir con eso, hacer nuevos amigos.

Los amigos son afinidades electivas y compañeros de vida. Algunos estarán mucho tiempo, otros un tiempo más corto. Pero estas afinidades electivas no garantizan la supervivencia de por vida.

Tus amigos tienen una gran importancia en tu cambio. Incluso si sus caminos se separan, sé agradecido. Cada persona que nos ha acompañado en el pasado ha contribuido en el proceso de conformar nuestro ser tal y como es hoy. Sé agradecido por las maravillosas horas que pasaste con tus amigos, incluso si tus cambios actuales ya no son compatibles con su amistad.

Y no lo olvides: sé abierto, ámate a ti mismo mientras te preparas para conocer personas nuevas.

Amor propio en la familia

La familia juega un papel importante en la vida de una persona. Representa el nido en el que esperamos encontrar seguridad y aceptación. Pero también sabrás que a menudo puede verse de diferentes formas en la práctica. Los miembros de la familia, como los padres, hermanos e incluso los propios hijos también te exigen. Esperan que cumplas estas demandas. Siempre has estado lleno de comprensión y ayuda. De repente dices "No" cuando te piden algo o le haces exigencias a los demás, porque conoces tus propias necesidades y quieres saber que estás satisfecho.

Esto casi siempre conduce a complicaciones en el entorno familiar. "No es así como te conozco", es una afirmación que quizás ya hayas escuchado.

Nadie quiere perder el entorno familiar. El contacto con padres e hijos es importante porque te sientes como una oveja negra rápidamente cuando ya no estás invitado a las celebraciones familiares o al estar sentado en la mesa de los gatos en la boda de la hermana.

Aquí es donde debes demostrar fortaleza y permanecer firme en el amor propio. Las relaciones de familia existen por toda la vida. Nadie puede terminarlas. Así que, como la familia es para toda la vida, lo mejor que puedes hacer es mantenerte en la misma línea. Sigue siendo cariñoso con tu familia, y ámalos a ellos como te amas a ti mismo. No tienes otra opción. Si eliges evitarlo, usa el tiempo que consideres necesario para hacer algo bueno por ti. No dejes que otras personas te pongan bajo presión emocional.

Tú te perteneces, no dejes que nadie más te convenza de lo contrario. Ya sabes, eres adorable. No todos lo reconocen, pero eso no es necesario. Habrá suficiente gente que reflejará tu amor propio y te amará.

Amor propio en el lugar de trabajo

El lugar de trabajo es un área muy importante en la vida. Realizar una actividad que le de sentido a tu vida es parte de la autoestima y, por lo tanto, del amor propio. Además, la mayoría de los trabajos son lugares de contacto social.

Debido a esto, muchas personas tienen miedo de perder sus trabajos. Además de estar conectado con clientes, colegas y supervisores, el lugar de trabajo garantiza la segunda necesidad importante en la vida humana: el crecimiento.

En el trabajo, puedes ampliar tus habilidades y ganar dinero. Te da cuenta de que mejoras con cada año de trabajo. Cada tarea que has cumplido te fortalece.

Los logros profesionales también juegan un papel importante en el amor propio. Pero la vida laboral no es una granja de ponys. Es intimidador y abrumador, los trabajos son cancelados, se requieren horas extras. A veces parece que una persona tiene que renunciar a su amor propio para tener un trabajo.

¿Conoces la sensación de depender de la buena voluntad de los demás, aunque tu rendimiento sea bueno? **Muchas personas sufren de condiciones de trabajo inhumanas. No dejes que te persigan en el cuerno de la caja. Mantente en amor propio y haz que tu vida profesional sea activa.**

Probablemente, en ocasiones necesites la fuerza y el coraje para protegerte amorosamente cuando de nuevo las cosas se pongan realmente difíciles en el trabajo. Pero puedes asegurar este poder con un plan simple. Aplica regularmente a otros trabajos, para tener una idea clara de cuánto vales en el mercado. Si sabes que no estás amenazado con la pérdida del empleo, porque tienes muchas otras oportunidades, te sentirás más seguro. No dejes que la compañía se aproveche de ti, sólo porque temes perder tu trabajo.

Sepa qué le pesa y hable con su supervisor al respecto. Encontrarás un buen compromiso si te mantienes honesto y auténtico. Tu amor propio debe ser mayor que tu miedo al desempleo.

Ese es el secreto, si te quieres a ti mismo. Este amor con el que te tratas no solo ocurre cuando estás solo. Especialmente cuando otras personas te rodean y siembran dudas, puedes probar cuánto has ganado tu amor por ti mismo en estabilidad y fuerza.

No solo los superiores, sino también los colegas a veces recurren a trucos injustos. No se siente bien cuando hay un susurro a tus espaldas o cuando te excluyen de la conversación. Cualquiera que quiera vivir su amor por sí mismo hace esas experiencias desagradables. De nuevo, ayuda una distancia saludable. Las personas inseguras necesitan una imagen enemiga. Esa podría ser cualquiera, y en la mayoría de los casos no es personal. Construye un único plan de emergencia. Toma un libro que puedas leer durante el receso cuando estés aislado. Y si tus colegas no abandonan el juego injusto después de un corto tiempo, ámate lo suficiente como para ser capaz buscar un nuevo trabajo. Nadie tiene que ser mal tratado.

Esta es una sabiduría simple, pero siempre válida. Hazlo para tu convicción interna y vívelo después. Quienes se aman a sí mismos son independientes del reconocimiento de los demás. Esta fuerza causa envidia. Aquí está el viejo dicho: La envidia tiene que ser ganada.

El amor propio en la vida cotidiana es una cuestión de entrenamiento. Los nuevos patrones se consolidarán mediante repeticiones, pero lleva un tiempo que el inconsciente deje de activar los viejos patrones.

Se necesita cierta persistencia para reemplazar la ruta recorrida con nuevos senderos, y tendrás que forjar un camino en el que ningún ser humano haya estado antes que tú. Tu vida es solo para ti. Nadie ha caminado en tus zapatos hasta ahora, nadie sabe que te gustas. No hay "incorrecto" o "correcto", solo hay autenticidad. Nadie, excepto tu voz interior, puede darte un consejo. Esto hace que el camino hacia un amor propio estable sea tan emocionante. Esa es la mejor aventura que un humano puede experimentar. Un día el amor propio tomará la iniciativa en cada situación. Cada tarea nueva y dominada es un paso en la dirección correcta. Y si no funcionó, sé amable contigo mismo. Perdónate y haz que la próxima vez sea mejor.

Lleva tiempo practicar nuevas formas de interacción. Y quien se ama a sí mismo, se da a sí mismo una oportunidad.

Toma algunos Maestros de ejemplos como tus guías. Muchas personas han llegado a nuestra conciencia como maestros del amor propio. Estos ciertamente incluyen al Dalai Lama y a Jesús de Nazaret. También aquí se pueden mencionar Anselm Gruen y la Madre Teresa. Seguro que encontrarás muchos ejemplos más. Las personas que hacen el bien en general lo hacen por sí mismos y por los demás. Quien sacrifica no entendió el amor. Las personalidades nombradas no han dado su última camisa. Han cuidado de sí mismos, han amado y vivido en sus creencias. Mahatma Gandhi ha formulado una frase muy hermosa sobre este tema, que debería servir como un enlace aquí: "Tu y yo: somos uno. No puedo lastimarte sin lastimarme a mí". La sabiduría de estas palabras da como resultado un amor verdadero que se relaciona contigo y tu entorno.

Conclusión

Gracias por comprar y leer este libro. Realmente espero que te haya hecho pensar y te haya hecho sentir curiosidad sobre la persona que te mira cada mañana fuera del espejo. Confía y descubre una relación satisfactoria que eclipsará todo lo que has experimentado hasta ahora.

¡Te deseo todo lo mejor en tu camino! ¡Eres una persona maravillosa y es increíble que existas!

Los derechos de autor

Made in the USA
Las Vegas, NV
20 May 2024